AF607218

CADA UNO ES MUCHA GENTE

PABLO GARCÍA CASADO

CADA UNO ES MUCHA GENTE

XLVIII Premio Ciudad de Burgos

VISOR LIBROS

VOLUMEN MCCLXV DE LA COLECCIÓN VISOR DE POESÍA

Un jurado compuesto por Rafael Camarasa, Jesús García Sánchez, María Jesús Jabato, Raquel Lanseros, presidido por Luis Alberto de Cuenca y actuando como secretario Ignacio González de Santiago, concedió al presente libro el XLVIII Premio de Poesía Ciudad de Burgos, promovido por el Instituto Municipal de Cultura y Turismo de su Ayuntamiento.

Cubierta: José María García Parody

Isaac Peral, 18 - 28015 Madrid
www.visor-libros.com

ISBN: 978-84-9895-547-7
Depósito Legal: M-5668-2025

Impreso en España - Printed in Spain
Gráficas Muriel. C/ Investigación, n.º 9. P. I. Los Olivos - 28906 Getafe (Madrid)

A la memoria de Rafi Valenzuela

Cada uno es mucha gente.

FERNANDO PESSOA

MUJERES

ECO

No pides mucho a la vida, solo que sea benévola con ella. Verla cómo crece, día a día, verla caminar sola hacia el colegio. Y después, su propio móvil, las llaves de casa. Sus primeros secretos, *tú es que no lo entiendes,* piercings, tatuajes. Las fiestas y la noche, *mamá, solo es un amigo,* los fantasmas. Cuando la veas llegar derrotada y sola. Abrazarla y decirle *yo estaré aquí, siempre a tu lado.* Y que crees en ella, en esta mancha gris de ecografía. Que ahora tiembla entre tus manos.

ADN

Acaban de marcharse, aún se escucha a lo lejos el motor de su coche. Lo han comprobado todo, la orientación suroeste, las vistas al parque. La reforma de los baños, la cercanía a colegios y a farmacias. Y las zonas comunes. Ya imaginan su vida entre estas paredes donde aún resisten cables de teléfono, estantes vacíos, las marcas de nuestro cabecero. El eco de nuestros pasos rebota en los azulejos de la cocina, hay una cifra apuntada en una carpeta azul. Sabemos que es lo más conveniente, que es un error aferrarse a las cosas. Porque son solo eso, cosas. Que nuestra vida, como él dice, está ya en otra parte. Pero ahora, mientras voy cerrando las persianas, me pregunto qué ha quedado de mí en esta casa. Cabellos, uñas cortadas, restos de piel reseca, qué residuos de ácido nucleico.

NUEVA VENTANA DE INCÓGNITO

Noches de párpados abiertos, de pasillo oscuro, de portátil encendido. De pijama que se entreabre buscando no un paraíso, tampoco una respuesta, solo un bálsamo. Para volver al hueco dejado entre las sábanas, a la tensa respiración de los hijos. Al libro de familia.

JUNIO

Sentada en el coche, las ventanillas abiertas. Esperando a tu hija entre otras hijas que pisan alegres los jardines. Los hombros al aire, las risas, el color azulado de las altas sandalias. Todas jóvenes y hermosas, como un día tú lo fuiste y el deseo era una espiga que ardía en las noches de junio. Como esta, en que la ves llegar, radiante, feliz, con todo el futuro en sus ojos.

PLAYGROUND

Un hombre a media jornada. Que te alise las estrías, que te haga sentir fruta madura. Y despierte tu hambre de morder. Que no te haga daño ni te pida convivencia. Quién necesita *todo un hombre*. Para qué si mi vida eres tú, pequeño ángel vestido de superhéroe. Te veo jugar entre bolas de colores, devorando una hamburguesa. Y me digo *está bien así, es suficiente*. Yo seré tu castillo, yo, tu única centinela, armada de Apiretal. Y de un trabajo a media jornada.

CASA

Es *tuyo* y nada cambiará eso, nada de lo que él diga o haga. Por muy grave que sea. Lo miras devorar los cereales, limpias con una toallita las gotas de leche de su barba. De dentro hacia fuera, como limpiabas hace veinte años la papilla de su boca, con un babero azul que aún guardas en la cómoda. Nada de lo que él diga o haga.

LÍDER

Te han sentado en primera fila. Ves cómo sonríe al auditorio, camiseta con eslogan, pulsera de colores, *hay que luchar, compañeras,* dice desde la tribuna. *El futuro es nuestro, nos pertenece,* no le tiembla la voz, te señala. Te alumbran con un foco, *se lo debemos a ella y a muchas como ella,* viene a por ti, te sube al estrado. Te abraza, se hace un selfi contigo, te sube a Instagram, *#nuestralíder #nuestramadre* ♥♥♥. Viene a por ti.

TINDER

Oigo su respiración, pesada y profunda. En unas horas otros ocuparán esta cama, viajantes de comercio, turistas, parejas en crisis. El sol ya se abre paso entre las nubes, ya se escuchan los camiones de reparto. Las persianas de las panaderías, las risas de los últimos de la noche. *Lo hemos pasado bien*, me dirá, y cada uno volverá a su vida. Sin abrazos ni promesas. Borraré su nombre, todo lo que hablamos hasta la madrugada, pero quiero guardar este momento. La paz con la que toma aire y luego lo expulsa. Esa paz que ahora retengo dentro de mí.

LOS MINUTOS DE LA BASURA

No es heroico cuidar, no nos hace mejores. Despertar a las tres para nada, a las seis para nada, esta crema hidratante que te alivia un minuto, que ya no te alivia. Este dolor que nos hace odiarnos, tirando a la basura todo lo que nos quisimos. Tu beso al llegar del trabajo, las bromas, los veranos en Canarias, después de qué grito empecé a odiarte. En qué estadio del dolor, tu dolor, se velaron los colores, y lo que era azul se volvió verdoso, como agua estancada en una piscina. *Ojalá se muera,* le digo a mis hijos, y no me arrepiento, no me siento un monstruo por decirlo en voz alta. Por pensar el *después,* en cómo venderemos tu piso, en qué gastaré ese dinero.

MURO

Su muro se va llenando de inscripciones. Unos versos de Neruda, puestas de sol, iconos de lágrimas y besos. *Tu ejemplo será mi fuerza…, nunca olvidaré aquella vez…, descansa en paz.* Voy bajando el cursor hasta unos días antes de su muerte. Noticias compartidas de *El País*, enlaces a recetas caseras, pollo al curry, el video de una canción de Chavela Vargas. Sigo bajando y más recetas, merluza al limón, bizcocho de trufa, una viñeta de Mafalda. Fotos en la nieve donde está etiquetada, *el año que viene te esperamos*, el icono de un corazón con el que ella responde varios días después. Semanas enteras en que no pasa nada, hasta el 30 de octubre, ese día aparece en una foto, vestida de payaso, con unas gafas enormes besando a su hermana. Pulso botón derecho, *guardar imagen como*, entre lágrimas escribo su nombre y la fecha de hoy. Y respondo *ja, ja, ja.*

BALTIMORE

Has bajado a las cloacas del amor. Aparcas el coche patrulla y tratas de hacerte entender. Subes al séptimo piso, alguien dice *policía, policía. Yo no sé nada, agente,* pero ves la cena mordida y el cigarro humeante. *No hay nada que hacer*, dice tu compañero, que recoge muestras de sangre y las mete en una bolsa. Piensas en bebés gateando por el pasillo.

DOS MUJERES

Borré toda la memoria del móvil. Las llamadas, los mensajes, los contactos, todos menos el de mi madre. La llamé y vino a recogerme en el coche de su marido, pero no fuimos a su casa. *Tenemos que hablar de algunas cosas.* Fuimos a Hipercor, ella tenía que descambiar un jersey y unos zapatos, y luego nos sentamos en la cafetería. *No sé por dónde empezar*, le dije. *Entonces hablaré yo*, me dijo. Me habló de su cuerpo, de cómo se iba cayendo poco a poco. De su marido, de su negocio de semillas, de las multinacionales. Y de mi padre. Hablamos de mi padre, me contó algunas cosas que no sabía. Y otras que sí, pero me hice de nuevas. *No puedes echarle toda la culpa a él.* Me dijo que podía quedarme unos días, pero que ya era una mujer madura, una mujer independiente. Sacó del bolso dos mil euros en billetes de cien, *es todo lo que tengo ahorrado.* Le dije *gracias*, fue lo único que dije. Y que se lo devolvería.

HOMBRES

EQUIPO

Habla el lunes con los jefes, me dice. El viaje se ha hecho corto, planes de expansión, política de riesgos, solares donde construir. *Es una oportunidad para nosotros,* insiste. Nosotros. Tengo que decirle que en abril ya no habrá nosotros. Pienso en ello mientras habla de sus hijas, de tareas escolares, de cómo crecen y se hacen mayores. También de fútbol, del Atleti, *cuatro puntos y golaveraje,* le digo que esto es muy largo y que aún queda mucha liga. Al final le vence el cansancio, afloja su corbata y cierra los ojos. Duerme sereno y seguro, orgulloso de haber hecho lo correcto. De haber cumplido objetivos. Trabajo, compromiso, espíritu de empresa. Construir desde la base y pensar a largo plazo. Cómo explicarle que nada de eso es cierto. Que el futuro son cajas de cartón y despedidas. En una hora lo dejaré en su casa, y abrazará a su mujer y a Ruth y a Lorena. Subo el volumen de la radio, Julia Otero habla de la gente que abandona a sus mascotas. Perros caminando solos por la autopista, deslumbrados por los faros de los coches, extraviados.

CAPTIVA

Tú que fuiste el rey de los afterhours. Y ahora los ves pasar, luminosos, desde la autopista, al volante de un Chevrolet siete plazas. Junto a esa mujer que besó tus cicatrices y te hizo un hombre de provecho. Tres niños y una mascota, al volante del Chevrolet por la carretera de Sitges, plenamente recuperado. Pero una parte de ti pisaría a fondo.

CESARINI

Llega un momento en la vida en que firmas el empate, y ese momento es ahora. Balones fuera, centrocampismo, dejar que corran los minutos, un empate. Que no colma las expectativas, los éxitos que prometías en pretemporada. Pero un punto vital que te aleja del descenso.

PLAYGROUND

Vengo aquí todos los domingos. Aparco justo en la entrada, compro alguna bebida y me siento a esperar en el coche. Barro en la tapicería, folletos publicitarios, correspondencia. Aparece primero el niño, que corre hacia la zona de juegos mientras ella escoge una mesa y él busca la fila de la comanda. Dos cervezas y menú infantil, el niño va y viene a la mesa de los mayores. Con un globo, con un juguete, otras veces llorando. Entonces ella se levanta a consolarlo, la veo caminar de espaldas, parece decirme *ven*. Camino por un pasillo oscuro, hay habitaciones cerradas, otras de las que salen hombres y mujeres, y al fin una se abre y aparece nuestra casa. Ella está tumbada en el sofá viendo una película, el niño juega en el parque, *voy a preparar una copa*, entro en la cocina. Ginebra, tónica, unas gotas de lima y angostura, *te va a encantar*, y entonces algo sucede. Hay un temblor de vasos, como un seísmo, ruido de cristales, voces que acaban en gritos, el niño llora. Sale corriendo en busca de su madre, que lo espera con los brazos abiertos en la mesa del restaurante, *vámonos*, dice ella abrazándolo con fuerza, *vámonos a casa*. Me agacho bajo el salpicadero, sabe que estoy aquí, mira hacia mi coche unos segundos. Oigo su vehículo arrancar, perderse entre el tráfico.

CASA

Lo dejé en el bar, ese día cumplía 57 años. Decía que no tenía cuerpo para volver a casa, ver su foto de comunión en la mesilla del dormitorio. *Es un hijo de puta.* No hay una palabra capaz de nombrar lo que sentía ese padre. No era vergüenza ni culpa ni rencor. *Un hijo de puta*, gritaba desde el fondo de la barra, mientras yo me ponía el abrigo. En casa me esperaba Marisa para bañar al bebé.

INVISIBLE

Ocurre de repente, de un día para otro te vuelves invisible. Como esas mujeres que van a la compra, sin pintar y en zapatillas de deporte, como esos maridos. Que acompañan a esas mujeres. Parejas maduras, con hijos casados, parejas que ya no hacen el amor. Que llenan el carro de lácteos, legumbres y parafarmacia. Y ahí estás tú, detrás de ellos, esperando tu turno. Con un paquete de harina, impaciente, mirando un teléfono. Al que solo llegan mensajes publicitarios.

IRPF

Miras la cifra y piensas en una playa del Pacífico. En una isla de nombre impronunciable, la buscas en Google, treinta y seis horas de vuelo. Podrías estar allí el viernes por la tarde, una ventana se abre para comprar los billetes, no lo haces. Pulsas el otro botón de pago y sientes una mezcla de orgullo, rabia y resignación. No hay aplausos ni júbilo ni música patriótica, solo el sonido hidráulico del camión de la basura.

CREEP

Escuchando *Creep*, de Radiohead, en un coche alquilado por la autopista de La Coruña. Nubes violentas, el viento agitando los álamos, ráfagas de lluvia sobre el parabrisas. Me pregunto qué demonios hago aquí, cómo he llegado hasta este punto, si era a esto a lo que aspiraba. Viajes por la península, hoteles, dietas por kilometraje. Veo tu nombre brevemente en la pantalla, cuatro tonos, el sonido se detiene. Un minuto después vuelve a sonar, por todo el coche, me adelantan camiones por la derecha. Qué pasó, qué ha sido de nosotros, quiénes somos que no nos reconozco. Hermanos de sangre, qué tristeza encontrarnos por el barrio, *la gripe viene fuerte este invierno, en abril me operé la rodilla.* Hablar de nuestros hijos, de cómo crecen y se hacen mayores, *el mío quiere estudiar Veterinaria.* Despedirnos con un abrazo sin fuerza. Otra vez suena el teléfono, por tercera vez, más que en los quince últimos años, suena su melodía. Amarga y violenta, cuatro tonos y después el silencio, el murmullo de las ruedas contra el asfalto, *what the hell am I doing' here?*

CÉSPED ARTIFICIAL

Lejos de Las Gaunas, de los gritos de las gradas, *calvo, cabrón, me cago en tu puta madre*. Lejos de los puros, gabardinas y maletines, lejos de los micrófonos en zona mixta. Lejos de las duchas, del olor a réflex, de espinilleras rotas y camisetas sin nombre. Del sonido de los tacos de aluminio, lejos de todo, Tato Abadía nos ofrece un rioja y una tabla de quesos. Un hombre honrado Abadía, como Dulce, como Dejan Markovic. Hombres duros que aprendieron el oficio en el barro del Plantío, de Ipurúa, del Francisco de la Hera. Hombres capaces de jugarse los tobillos por salvar un saque de banda, que llamaban al míster de usted, que hablaban de Luis Aragonés como si fuera el profeta Isaías. Que volvían a casa en autobús, con las costillas rotas, después de noches de hostal y de tute y de bocata de lomo con pimientos. Y que ahora plantan cara a la vida entrenando en tercera, vendiendo quesos, hombres que son ídolos para nosotros. Que volvemos cada lunes a los años 90, a la épica de los partidos cerrados, a la belleza del empate, nosotros. Que no pisamos siquiera los campos de Regional Preferente. Pero llegas aquí, al vestuario, y te calzas las botas, te subes las medias, y te sientes como Dulce, como Dejan, como el Tato, y sales a una cancha de gradas vacías. Lo de afuera no importa. Tu exmujer pidiendo dinero, el jefe enviándote *washaps*, *¿se puede saber dónde has puesto* *el pedido?*, nada importa. Apuras línea de fondo, despejas como puedes a saque de esquina, te lanzas a los pies del contrario con la honradez de un soldado del Vietcong, te abrazas a tu compañero. *Hemos jugado bien*, nos decimos con el cuerpo roto del esfuerzo. Y llegamos a casa, con los niños ya dormidos y la mujer viendo una serie, te miras al espejo del cuarto de baño. *Todo bien, al menos nos llevamos un empate, lo importante es ir paso a paso.* Y metemos la ropa sucia en la lavadora, quince minutos, programa corto. Mañana entregaremos a tiempo los trabajos, responderemos todos los *washaps*, mañana sacaremos cada uno nuestra propia bandeja de quesos.

TOS

Aquella noche de octubre España se acostó socialdemócrata. Y nosotros, jóvenes y brillantes, felices en la madrugada, seguíamos los boletines radiofónicos. Nos decíamos *se puede, claro que se puede.* Fue aquella noche, después de la risa y el champán, cuando empezamos a escucharla. Primero débil, casi imperceptible, luego más y más fuerte. Pesada y constante, como una letanía, la tos aguardentosa del vecino. Su mujer había muerto hacía unos meses, Anita, con sus guisos de conejo y de cebolla y sus coplas de Concha Piquer. Que entraban en nuestra casa por los conductos de la ventilación. Todas las noches la tos de José Antonio, un hombre envejecido y amable, *mi hija ha vuelto a casa, no tiene trabajo, ¿sabe usted de un buen colegio para el niño?* Yo no escuchaba. Yo tenía una meta, un país que construir. Había un horizonte luminoso de Volkswagen, traje de lino y espuma de foie. Pero al caer la noche, por los viejos conductos de la ventilación, por las finas paredes de protección oficial, volvía la tos de José Antonio. La tos de los Pegaso, la cazalla y el mus, la tos de la mugre y el Ducados, *¡Rosa, hija, un vaso de agua!,* y la hija, gastada y gris, *mañana van a hacerle una endoscopia.* Una vida de mierda, un padre enfermo y un hijo que ensayaba con los nuestros sonidos de thrash metal, rituales peligrosos, viajes por los montes de Ketama. Los hijos, el futuro. La vida acabará separándolos, los nuestros a Boston a hacer ingenierías, el suyo a los hoteles de la Costa Brava, y la tos. Pesada y constante como una letanía, derivó en insuficiencia. Oxígeno, bombona y hospital. Tres meses, día y noche, sillón de acompañante, monedas en la tele, *Rosa, coloca bien la cuña,* escaras en el culo. Y fallo multiorgánico, *me mudo con mi hijo a Palamós.* Y así, en pocos días, vecinos nuevos, altos y rubios, con niños clónicos, jersey de cuadros y uniforme. Por los viejos conductos de la ventilación, los rezos a María, la fritanga, los himnos militares. Y así una madrugada, también de octubre, así, sin previo aviso, comienzan los picores. Justo aquí, detrás del paladar.

TODO SALDRÁ BIEN

Van conectando sus equipos, apareciendo en cada cuadrícula de la pantalla. Blusa roja y pendientes de oro, maquillaje, camisa negra y gemelos. Mantel color azul, velas encendidas, copas de cerveza que ofrecemos a la cámara. Jamón, queso y mejillones. Al fondo, los muebles y los cuadros del salón, y algo más allá los niños, ya en pijama, que saludan inquietos desde el pasillo. Hablamos de lo que haremos cuando esto acabe. Escalar aquel pico, hacer un viaje en caravana o simplemente pasear por la ciudad como turistas. Comentamos de pasada las medidas del gobierno, agotados como estamos de noticias, de bulos interesados, de toda la basura de los grupos de *washaps*. Tratamos de mantener la compostura, pero el miedo late en cada escena. En los que dicen no echar de menos el trabajo, en quienes se quejan de las tareas domésticas. En la risa forzada de los que prefieren no hablar. *Todo saldrá bien*, ha escrito la hija de Lourdes sobre un arcoíris pintado con rotuladores. Acerca el folio a la pantalla y todos aplaudimos y alzamos los pulgares. Alguien dice *venga, mañana hay que madrugar*, y vamos diciendo adiós. Bajas la tapa del portátil y ves las migas de pan sobre el mantel, la cerveza ya tibia y sin espuma, el líquido naranja del escabeche. Te asomas al balcón, hombres fumando, pensando en estar a kilómetros de allí. *Un día menos*, dice tu mujer quitándose el maquillaje en el cuarto de baño. *Un día más.*

LOBO

Has traspasado una raya. Lo dice seguro, sin pestañear, como si hubiera estado ensayando ante el espejo. Luego se queda en silencio, esperando mi reacción, me conoce bien. Sabe que llevaré el tema a lo personal, a recordarle las noches trabajando hasta la madrugada. En este mismo despacho, fumando, hablando de mujeres, de los hijos, hablando del Atleti, *hay que bajar a defender y apretar el culo*, y yo bajaba a defender y apretaba el culo. Y me tiraba a la carretera, medio millón de kilómetros, aún me duele el hombro y el antebrazo. Había que llegar a las doce a Tarragona, iba tarde, me despisté y no vi al ciclista. Entonces me ayudaron, es verdad, y todo se arregló con dinero, pero no el dolor del hombro y el antebrazo. Tampoco Zamora. Mi mujer dando a luz, cesárea programada, *nos ha fallado Gutiérrez, tienes que ir,* hemorragia interna, 37 puntos de sutura. Y yo en Zamora, a 600 kilómetros. Después, una cesta con champú, crema hidratante y pañales. Y toallitas húmedas. Y un cheque y una nota firmada por los jefes, *gracias por tu sacrificio.* Sacrificio, espíritu de equipo, palabras que ahora son basura, como aquella frase que tanto repetía, la que Arteche decía a los delanteros contrarios, *a partir de esa raya empieza el pan de mis hijos.* Ni siquiera ha sido original, el hijoputa. Pero aguanta. Aguanta el tipo detrás de sus gafas de pasta, esperando que pase la tormenta. O que, definitivamente, me venga abajo y me eche a llorar, alguien ha preparado una caja de pañuelos desechables. Y una jarra con agua y un vaso. Pero, entonces, sale de mí, no sé cómo, sale de mí una voz que no es mía y pronuncio dos palabras: *tengo papeles.* Está dicho, no hay vuelta atrás. Él no mueve un músculo, se toma su tiempo, esboza una sonrisa que deja entrever sus incisivos y abre el cajón de su escritorio, *nosotros también.*

GENOMA

Pensar en ti, en todo lo que me recuerdas a mí mismo. Esa misma angustia por la culpa. Esas ganas de agradar. Esa forma tan sutil de ser yo y a la vez alejarte de mi sombra. Un pedazo de tierra, fértil, abundante para todo.

* * *

Enamorado aún, como el día primero en que te tuve entre mis brazos. Enamorado, aunque el cansancio me haya vuelto más distante. Casi en estado de oxidación.

* * *

Ya aprendiste lo áspero que puede ser el mundo. Ya has conocido las primeras decepciones. Las de aquellos que no cumplen lo que prometen. Los que miran la espina cuando ofreces una rosa.

* * *

No poner sobre tus hombros mis expectativas. No una versión corregida y aumentada.

* * *

Pero cómo sustraerse al amor, a querer estar en cada hora de tu tiempo. Cómo no avisarte de las trampas. Cómo ser padre y dejarte el oxígeno suficiente, pero también el nitrógeno, el carbono y todos los parásitos. Todo lo que te hace respirar y ser un hombre.

* * *

Yo también lo quise todo, todo también antes de tiempo. Tener un coche, yo también me pensaba a mí mismo conduciendo en compañía de alguien. Ser lo que soy actualmente, en lo que he llegado a convertirme.

* * *

Pero ya no subiré por ascensores de cristal ni tendré un lugar preferente. He gastado el caudal de los acuíferos, por eso he de conducir cada día. Conducir para llevarme un sorbo a los labios.

* * *

Es tu responsabilidad. Me escucho a mí mismo diciendo cosas semejantes. Compromiso con las cosas. El fruto y el esfuerzo. Que los actos tienen consecuencias. En tus ojos la resignación y la culpa. En mi voz todo aquello que detesto.

* * *

Me retiras el brazo y dices que quieres estar solo. Que necesitas oxígeno. Que te sientes decepcionado. *¿Eres feliz?*, me preguntas, y yo te digo que solo a ratos. A mi edad no aspiro a cambiar el mundo, solo a no convertirlo en un lugar irrespirable.

* * *

Y sí, la vida te dará amigos, buenos amigos, pero también algún hijo de puta. Que querrá lo peor para ti y para los tuyos. A eso no he llegado a acostumbrarme.

* * *

No tengas prisa. Muy pronto, antes de lo que piensas, yo seré débil y tú serás fuerte. Hablaremos de política y te daré la razón. Todos te consultaremos. Esperaremos tu llegada. Tendremos todo preparado, la marca de cerveza que te gusta.

* * *

Pero antes habrá una distancia, perderemos los abrazos. Monosílabos, frases cortas, respuestas automáticas. Te asomarás fumando a otros balcones, yo esperaré desde el mío y la noche será eterna. Sobre todo, para mí.

* * *

Y entonces te irás. Y cambiaremos los muebles y haremos obra. *Llévate los libros, hay ropa tuya en el trastero, tengo unas sábanas para ti.* Compraremos un sofá, tu somier y tu colchón dormirán bajo nuestra cama.

* * *

Serás feliz. Y eso nos hará felices. Y tu madre y yo volveremos a casa satisfechos, *lo hicimos bien.* Vendrán días de vino y rosas y querré pasear contigo como quien lleva un trofeo bajo el brazo.

* * *

Escucharé tu voz por teléfono, *estamos bien, no te preocupes.* Descubrirás que la paz no existe, solo momentos de falsa calma. Aprenderás por ti mismo la palabra resignación.

* * *

Tendrás miedo, miedo a un dolor futuro. A noches de hospital, a quedarte en primera línea de fuego. A ser quien apague la luz. A aceptar que es ley de vida.

* * *

Pero ya habrá tiempo para eso, no me hagas mucho caso. Sigue durmiendo. No despiertes hasta tarde.

MUCHA GENTE

AMOR

Revisar la presión de los neumáticos el día antes de que tu mujer se incorpore a trabajar. Y el nivel del líquido de frenos y el de anticongelante. Ver con tu hijo una película japonesa de terror en versión original subtitulada, no dormir esa noche. Desatascar el retrete de tu suegro mientras este trata de convencerte de las bondades del nacionalsindicalismo. Probar la tortilla de patatas con cebolla de tu suegra. Ir con tu madre a Zara un siete de enero, decirle que no le queda bien la chaqueta gris con lentejuelas. Que es mejor la azul, que la hace más joven. Prestar dinero a tu hermano, tres mil euros para un negocio de piedras curativas. Deprimirte, querer estar solo, lejos de todos ellos. Despertarte a las cinco de la mañana para recoger a tu hija de una discoteca, esperar a ver si es ella, *sí, es ella,* y verla llegar borracha y que vomite en la tapicería del coche. Limpiar la tapicería al día siguiente. Darle tabaco a tu padre a escondidas, ver con él un Madrid-Barcelona, gritar juntos un gol en el minuto 89, todo eso es amor. Quien lo probó lo sabe.

BALADA DE SANTA ROSA

Hoy te he visto, Jane Jacobs, sentada en la mesa del Junior, en la esquina de la calle Santa Rosa, tomando un café y una tostada. Hablando con los viejos, antiguos obreros de Asland, de Café Capuchinos, de Outokumpu Copper. Hablando de política, de lo sucio que está el barrio, de esta juventud, todo el día con los móviles. Todos te quieren mucho en Santa Rosa, Jane Jacobs, todos quieren ayudarte. A cruzar el semáforo, a actualizar la libreta, a empujar tu carro cargado de naranjas. Rutilantes, bellas, naranjas a 0,90 el kilo, compradas en la frutería de la calle El Nogal. Naranjas para abuelos, para padres, para niños de cuatro y cinco años que destrozan sus chandals tirándose del tobogán bajo la atenta mirada de las madres. Madres maduras, madres divorciadas, madres que pertenecen al ampa, que recortan gomaeva y cartulina, que compran extraños artefactos de papelería. Que compran en Mercadona. *Voy un momento a Mercadona, necesito huevos, detergente,* pero a escondidas compran Fortuna en el estanco donde la chica está mandando *washaps* a su novio. Yo también tuve una novia en Santa Rosa. Hacía calor en agosto y nos sentábamos en La Flor de Levante a tomar helado. Ahora ya no tomo helado, Jane Jacobs, ahora solo me duele la espalda. Nos duele la espalda a todos los nacidos en los setenta, un dolor intenso y constante, un dolor de hipoteca a treinta años, de préstamos personales, de horas esperando a los hijos en las barandas de las terrazas. Quién ocupará este lugar cuando no estemos, Jane Jacobs. Pronto nos quedaremos solos, mis hijos se irán para siempre, vivirán en los suburbios de Rotterdam o de Igualada, y yo seré viejo. Pero voy a morir en Santa Rosa, es mi pequeña promesa, Jane Jacobs, voy a seguir tus instrucciones precisas.

DE VIDA BEATA

Lejos de todo, en un lugar sin cobertura. Botas de goma, forro polar, pantalones de trabajo. Arrancando con mis manos las raíces, las malas hierbas, lejos de todo. Sin más compañía que Rocky ladrando a los excursionistas, lamiendo mi cara al llegar de los huertos. Sin radio ni tele, solo el viento agitando las zarzas, lejos de todo, pero alerta. A las voces del pastor, a las huellas de los vehículos todoterreno. A los disparos de los cazadores, sí, lejos de todo, pero alerta. Durmiendo con un cuchillo bajo la almohada.

THIS LAND IS YOUR LAND

Esta tierra es mía y es tuya. Quédate con el rojo y con el gualda, también con las coronas y el pasado. Quédate con la bronca y con los ritos, con los gases lacrimógenos. Y la palabra *país*. Déjame a mí el trabajo y la cerveza, los paseos por la playa. Y los partidos de fútbol. Y las películas. Quédate con lo grande, déjame lo pequeño. No te pido que te vayas, créeme, esta tierra es mía y es tuya. Ni a ti ni a mí nos pertenece.

MASCULINIDAD

Ser Atticus Finch, ser el hombre que dispara y no le tiembla el pulso. Y devuelve al sheriff la escopeta. Que podría derribar de un puñetazo al insolente, pero acepta que le escupa en la cara, su mirada es más fuerte que todas las salivas de todos los mediocres. Que se enfrenta a todo un pueblo al defender a un inocente. Y que ha aprendido que no siempre triunfa el bien. Yo nunca he disparado una escopeta. No sé si aguantaría la saliva sobre mi rostro, me cuesta encajar los golpes y las derrotas. A veces no sé bien si hago lo correcto. Pero entonces surge la figura de mi padre. Que no es Atticus Finch y tampoco ha disparado nunca una escopeta. Pero sabe decir, sin que le tiemble el pulso, las palabras *verdad, justicia, reparación.*

JIMÉNEZ

Leo con mi hijo «Nocturno», de Juan Ramón Jiménez, el mismo poema que estaba en mi libro de BUP. Él me pregunta para qué Juan Ramón Jiménez, para qué esos versos de nostaljia, de cielos de la tarde y estrellas del crepúsculo. *Para qué, si yo voy a estudiar ingeniería.* Yo no sé qué responderle. Entonces me acuerdo de Rafa Jiménez, se sentaba conmigo en clase, íbamos en el mismo autobús, pero no éramos amigos. *Tú, que sabes de esto, explícame lo de mi primo, lo del Jiménez,* y quedamos una tarde para estudiar en su casa. Vivía con su madre en el Parque Figueroa. Modernismo tardío, depuración de la forma, poesía desnuda (risas), Zenobia Camprubí. Él iba apuntándolo todo en su cuaderno de rayas, *con esto apruebas seguro,* lo mismo que voy diciendo a mi hijo, *no te olvides de Zenobia.* Rafa aprobó aquel examen con un 5,25, *te debo una, compadre,* pero suspendió geografía, latín y matemáticas y al año siguiente se cambió a FP. Le gustaban los coches, sobre todo el Opel Calibra, hablaba de ello a todas horas, *comprarme un Calibra, echar gasolina y no parar hasta Valencia.* Nunca me dijo por qué hasta Valencia. Después de aquel curso nos perdimos la pista. Volví a verlo hace un año, en Carrefour, en la escalera mecánica, él subía y yo bajaba, *he puesto un bar en el Polígono,* me gritó mientras la gente nos arrastraba en direcciones opuestas. Buscó mi nombre en

Facebook y me invitó a la fiesta de apertura, «*El Espeto*», *sardina gratis con tu cerveza.* A la caída de la tarde, entre una nave de pinturas y un taller de forja, una barca azul de madera con peces tostados al viento. El aroma a carbón mezclado con el de gasóleo, *magia fabulosa de colores y de esencias*, la sonrisa de Rafa. Cerveza en mano, *esta por mi primo.*

ELEGÍA CONTEMPORÁNEA PARA ROCÍO JURADO

Quiero escribir una elegía para Rocío Jurado. Una elegía contemporánea, de iconos de deseo, muerte y resurrección. Debería decir *te recuerdo, Rocío Jurado, caminando por la arena de la playa,* pero no. Nunca te vi caminando por la arena de la playa. Nunca te abrí la puerta de un taxi ni te hice la compra ni he palpado tu cuerpo para colocarte un micrófono ni te he perseguido, cámara en mano, por las calles de Chipiona. Pero hoy, catorce de julio, sentado en un bar de bayeta sucia y agua estancada, quiero escribir un poema, una elegía contemporánea, una elegía para tu voz. Enérgica y viril, volcánica, tu voz, nacida del estómago de la tierra, tu voz. En autocares de línea, en galas de sábado noche, Antena Tres, La 1, Telecinco, canciones de Quintero, León y Quiroga. Y Manuel Alejandro. Tu voz como un magma por las calles vacías, tu voz en el cuerpo de las camareras que sirven café desde las seis de la mañana, de dónde vendrán esas mujeres tan temprano. Desde qué hora rímel caliente, pintura de labios, sombra de ojos, desde qué hora. Abalorios de plata y canción ligera, tu voz en la plaza de abastos. En la harina de las frituras, en los chocos, en las chovas, en la pulpa de los tomates que revientan al sol al caer de una camioneta. En la mugre de los vertederos y en los insectos. Tu voz por los dormitorios, en los nódulos que crecen en las axilas de las madres, en las uñas de hombres que malviven en sucios apartamentos. Botellas vacías, calendarios, mandos rotos de vídeos VHS, colonia de hombre Brummel. En la boca de la puta que se arrodilla y chupa, deprisa, venga, no tenemos toda la noche, y después. Salitre en el tanga, *Manolo, ponme un whitelabel, que tengo prisa,* mañana es quince de julio y ya vienen los sevillanos. Como una ola. Y ocuparán hipermercados y fruterías, sí, Rocío Jurado, Sevilla entera follará esta noche, gotas de sudor que bajan de la nuca a las corvas, que se evaporan y hacen nube. Y llueve sobre el mar y enturbia el plancton. Y golpea con fuerza los cristales y arrecia sobre los músculos gastados de los viejos. Tu voz en los sumideros, en la basura acumulada en el cauce de los arroyos, en las conchas vacías de las galeras, en las algas que se pegan a la piel, en los peces podridos que vomitan las niñas en los ambulatorios. Tu voz en las guanteras de los últimos coches matrícula de Cádiz, en los vinilos almacenados, húmedos y putrefactos en los trasteros. Tu voz, icono quebrado, deseo, muerte y resurrección, tu voz es mi voz leyendo en voz alta este poema, esta elegía contemporánea.

RESISTENCIA

He salido a pasear esta mañana de sábado con Raymond Carver. Hemos dejado a Tess en Mercadona, tenía que comprar fresas para hacer una tarta. Y unos muslos de pollo, a Raymond se le habían olvidado. Quiere preparar un arroz, con sus judías planas, su ajo, su pimentón, pero antes damos un paseo. Los dos sabemos que será la última vez que nos veamos. Que en un par de semanas Tess cerrará las puertas, necesita estar tranquilo, que nadie venga a contarle sus problemas. *Bastante tiene con lo suyo*, me ha dicho ella por teléfono. La mañana es fresca, luminosa, caminamos por la playa, cada uno con su música, con su lista de Spotify. Me pregunta qué escucho, y yo le presto uno de mis auriculares, y él cierra los ojos y sonríe. Canciones de Bowie, de los Rolling, de Aretha Franklin, de Bambino, de Ilegales. *La negra flor* de Radio Futura, *La niña de fuego. Take On Me*, de Anni B Sweet. Pero también otras canciones, *Faith*, de George Michael, *Barco a Venus*, de Mecano, *Lady Laura*, canciones. Que he cantado en karaokes, que he bailado en bares de copas, canciones que ahora aborrezco. *Mándame esta lista, quiero tenerla*, no hemos hablado de libros. Ni de poemas, ni siquiera hemos hablado del Madrid, este año se perderá el cruce de octavos. Contra el Chelsea, otra vez la vuelta en casa. Solo de música, de esas canciones con las que hemos pactado con los años, que se han quedado para siempre en nuestras vidas. De una que él escuchaba en el 79, aquel verano en que trabajó en Valencia, de una canción de Eric Clapton, *May You Never*, de una mujer con la que salía entonces, Rocío, me habla del sabor salado de su piel. *Búscame esa canción,* ahora Rocío estará muerta. O lo que es peor, abandonada en una residencia de Murcia, una residencia a la que nadie acude, ni siquiera los domingos. *Mujeres*, dice Carver. Nos cruzamos con ellas en la playa, nos adelantan, firmes, seguras, zapatillas y mallas fluorescentes. Que esconden varices, traiciones, puntos de sutura. Mujeres que en los 80 pasaban los domingos haciendo canelones, escuchando a María Ostiz, que se veían a sí mismas como Kathleen Turner en *Fuego en el cuerpo*. Mujeres cuyos maridos perdían la vida escuchando al Madrid de Stielike caer contra el Racing, contra el Murcia, contra el Atleti de Votava y Julio Prieto. Mujeres que soñaban con un SEAT Fura, un millón de pesetas, un apartamento en Torrevieja, Alicante. Que tomaban Valium 5 y despertaban puntuales a las 7:00 para poner Tulipán en la tostada de su hija, esas mujeres. Que hoy ocupan fruterías y centros comerciales, que se atreven con el dulce-salado, que almuerzan *brunch* de salmón y aguacate, que toman mojitos en las bodas y bailan hasta la madrugada y no hay quien las acueste. Que invitan a sus hijas de veintiocho a divorciarse. Mujeres que han amado, han reído, han follado. Mujeres que aspiran a seguir reconociéndose cuando se quiten la ropa y la echen al cubo y se miren al espejo antes de meterse en la ducha. Mujeres que aspiran a una prórroga, a un tiempo extra, mujeres que aún resisten. Como resisten esas canciones que van a sobrevivir a Raymond Carver, y mí también, probablemente. La versión de los Gypsy King de *Hotel California*, *My Generation* de los Who, *Aviones plateados*, de El Último de la Fila. Y los *Sultanes del Swing.*

ITV

Aquí sentado, esperando que salga mi número. En la sala de espera de la ITV de Ingeniero Torres Quevedo. Rodeado de albañiles, hombres de ventas, profesionales. Pienso en la muerte, aquí, en la ITV de Ingeniero Torres Quevedo, no hay mucho más que hacer que pensar en la muerte. O en esa cajera que ahora llega en su vespa amarilla, *eros y thanatos*, decías, ahí está todo. Hablabas de Jung a todas horas, y ahora pienso en ti, Eduardo García, en este páramo industrial. Tú que también como yo, como otros hombres de venta, tú que también venías aquí a traer tu Alfa Romeo. Divertido y violento, tu Alfa, esa espada brillante que os condujo a ti y a Rafi, tu Alfa, que te llevó a bolos absurdos donde lo dabas todo. Amor, poesía, pensamiento. De los que volvías cansado y confuso, pensando *qué hago yo, en mitad de la noche, volviendo solo por estas carreteras*. Perdiendo el tiempo. Porque hubo un Eduardo rodeado de libros, lector amigo de sus amigos, intenso y brillante, un Ricardo Molina contemporáneo. Pero también un hombre de horas perdidas haciendo nada, viendo horribles películas y series que compartíamos. Tiempos muertos como este, esperando mi turno, pienso en ti Eduardo García, es aquí, justo aquí, donde me acude tu imagen, sentado en esta misma sala de espera, entre ruidos de motor y burocracia. Hay una flor amarilla en mitad del asfalto, viejos con mirada de Opel Kadett, la cajera sonríe a un hombre joven que conduce un BMW y huele a limpio. Aquí te imagino, la chica ha apuntado un teléfono en un post-it naranja, *la vida nueva*, aquí sentado. Mirándolo todo, sueño y deseo, mirándolo todo, mientras pasan uno a uno los números en la sala de espera. En la ITV de Ingeniero Torres Quevedo, pienso en ti Eduardo García.

CERRANDO EL APARTAMENTO DE LA PLAYA

He ordenado las camas, he alisado sobre ellas las colchas. He cerrado el gas y he desconectado la nevera, ya sin fruta ni helados ni bebidas. He guardado en los altillos bañadores, toallas, chanclas con la suela gastada. Las bicis ya descansan en el trastero. Tú observas el trajín de maletas y bolsas de deporte, abrazado a mamá en una calle de Sintra. Ella no viene, prefiere quedarse en casa, llorar sin la presencia de los nietos. Y las nueras. No es fácil para nadie, tratamos de poner la mejor de las sonrisas, cumplir tu voluntad, que esta casa siga siendo un lugar para el disfrute. Por eso, en verano, hay cerveza fría siempre en la nevera, un mantel y una mesa para amigos, ginebra y copas de balón. Parchís, baraja de cartas y música de baile. Pero, después, cuando todos se marchan, alguien tiene que limpiar los restos de la fiesta. Dejarlo todo en orden. Cerrar los postigos, comprobar el gas, la luz, dejar entreabierta la nevera. Echar un último vistazo, girar la llave. Y decirte adiós.

BARCO A VENUS

Le gustaba *«Barco a Venus»*, de Mecano, la escuchaba a todas horas en el walkman. Sentado en la última fila, los demás estábamos en The Cure, Nick Cave, Los Pixies, y él insistía. *«Barco a Venus», tengo la cinta, la original*, le llamábamos marciano. Marte o Venus, qué más da, un planeta distinto al nuestro, que giraba y giraba, con sus sábados de humo y de ginebra. Y él muy lejos, a años luz, en la bancada del fondo, la camisa de cuadros y el Bic en el bolsillo. Aprobando cada examen, nunca más de un seis, puntual a la clase de lengua o de historia, pero más y más lejos. En una galaxia apenas perceptible, hasta que un día se fue, desapareció para siempre. El río de la vida nos fue arrastrando a cada uno, primero como un torrente, después por meandros sinuosos, ahora ya avistamos la desembocadura. *Yo no puedo quejarme*, decimos cuando nos vemos los domingos en el fútbol, cada vez más gordos y cascados, cada vez con menos pelo. Nuestros hijos tienen la edad que teníamos entonces, y los vemos llegar del instituto, cargados con el peso de las expectativas. Llegarán a ser tú, aún no lo saben, acabarán convirtiéndose en alguien que hoy pasea por el pasillo de las legumbres. Comprobando los precios de las alubias, las lentejas, los garbanzos, y a su lado habrá un hombre con unas Nike como las tuyas, un jersey Quechua como el tuyo. Azul oscuro, un hombre que también ha engordado y que ha perdido el pelo. Que lleva también gafas progresivas y cojea de la pierna derecha. Que escucha música en los auriculares, *«Barco a Venus», qué tal, Pablo, cómo te va la vida.*

UN SUPERMERCADO EN ANDALUCÍA

Te he visto caminar esta tarde de lunes, Walt Whitman, por los brillantes lineales de Carrefour. Buscando la felicidad en forma de cerveza, pack tres por dos. 36 latas de cerveza a 1,99 euros el litro, 36 instantes de plenitud, de hermandad con el mundo. Te he visto caminar, Walt Whitman, impulsado por el ansia de una dicha doméstica, inmediata, fugaz como la vida. Esa a la que has cantado en tus poemas, esa vida que brilla en los ojos de los hombres y mujeres que hoy miran al futuro con el optimismo de los pioneros. Ojos que conquistaron las praderas y los valles de Norteamérica, ojos optimistas pero cansados, como los de esta madre y este padre que a esta hora de la tarde llenan el carro de legumbres, de productos de limpieza, de snacks para las horas de Netflix. Esta madre y este padre que una noche de abril, atónitos y asustados, lloraron de emoción mirando cómo se oscurecían lentamente las líneas del predíctor. Que endeudaron su hígado para comprar un piso pequeño y oscuro donde es imposible moverse sin tropezar con el carro, la minicuna, el Maxi-Cosi o el calentador de biberones. Sí, Walt Whitman, mira a esos padres que el mes que viene escucharán con pavor que su hijo está cuatro puntos por debajo del percentil. Que se harán con los servicios de un detective privado para que su hijo obtenga plaza en el Colegio del Sagrado Corazón de Jesús, amenazando al director con ir a la prensa y a los tribunales. Que se dejarán la piel por una empresa que los hará quedarse hasta las nueve de la noche delante del ordenador de la oficina haciendo nada. Que les hará atender los pedidos de los clientes a las once de la noche mientras recogen el vómito del bebé. Que engordarán y envejecerán y se volverán repugnantes para sí mismos, mientras su hijo crece fuerte, limpio y brillante como una mañana de verano. Inglés, baloncesto, equitación, que comprarán toda clase de artefactos electrónicos que él destrozará, perderá o simplemente abandonará en el fondo de los cajones de su dormitorio. Que confiarán ciega e inútilmente en el control parental de internet, que sufrirán los rigores de la moda juvenil, los pantalones estrechos, las camisetas, los tatuajes en el hombro, la nuca y el pubis. Que reiniciarán su actividad deportiva, ya sin ganas, con las rodillas rotas, la espalda doblada, siguiendo con amarga obediencia los gritos del entrenador personal. Que dormirán mal por las noches, que despertarán de madrugada y mirarán a su hijo postadolescente dormir como un bebé. Que hablarán a las seis de la mañana de lo mismo que hablaron, treinta años antes, sus padres y sus madres. Sí, Walt Whitman, mira los ojos cansados de esa madre que este lunes busca la paz y el perdón de la noche con bebidas sin cafeína y pijamas de quince euros. De ese padre que acaricia con frustrado deseo pantallas planas de 85 pulgadas y sofás donde dejarse caer como un monarca antiguo. Sí, Walt Whitman, ayuda a esta joven familia andaluza con la compra, ayúdales con tu tarjeta de puntos, seguro que tienes algún bono descuento. Haz cosquillas al bebé con tu barba mientras le cambias el pañal en la sala de lactancia. Déjales que paseen por Zara y por H&M y se prueben alguna camisa, algún vestido, algo que les haga recordar sus noches de juerga, ahora que solo salen de casa para comprar comida, visitar al pediatra y comer con los suegros. Y después, cuando caiga la noche y estén a punto de cerrar las puertas del hipermercado, acompáñalos hasta el aparcamiento. Ayúdales a meter las bolsas en el monovolumen, léeles al oído alguno de tus poemas. Bésalos, Walt Whitman. Diles que rezarás por ellos. Diles que aún son jóvenes y que el futuro de este país les pertenece.

POETA EN L.A.

Mirando al mar en Hermosa Beach, Los Ángeles, California. Lejos de la sangre y del fuego, de libros y de amigos, lejos de Granada, aquí. A salvo, en la tierra de los sintierra, donde los chicos, fruta madura, muerden sus labios sin miedo a la muerte. Donde eres el rey de la fiesta y cierras cada noche los clubes de Hollywood Boulevard. Donde has vuelto a escribir poemas, azules cuernos de cabra, comisarías, pútridas vedettes y naves espaciales. Y naranjas fluorescentes. Poemas fabricados de marshmallow y azucenas que escuchan alucinados los alumnos de UCLA. Donde cada noche regresan los fantasmas, donde aún te acude la culpa cuando baja desde Summit Valley el aroma de los huertos de la Vega. Donde recibes cartas que rompes en pedazos, cartas de Luis, de Vicente, cartas que te dicen *tienes que volver*, pero no. No volverás y lo sabes. Hay demasiada sangre dormida en los acuíferos, los peces aún se alimentan de cadáveres, no volverás. Vivirás, follarás, morirás aquí, en Los Ángeles, California, verás Madrid en los noticiarios, Orson Welles y Ava Gardner en Las Ventas, volverás a sentir miedo, *no conozco al Sr. Trumbo, yo solo soy un poeta,* el miedo como un cáncer. Que te irá dejando cada vez más solo. Llorarás viendo el entierro de Kennedy, escribirás en tu cuaderno *ya se llevan al héroe hasta su tumba / ataviado de apagadas luciérnagas.* Pasarás tus últimos días aquí, en

Los Ángeles, California, sonriendo a los hippies, conduciendo tu Impala por West Carson, gastando tu poco dinero en las salas X de Pasadena. Escribiendo poemas que hablen del desierto, de los siux que pasean por las avenidas, del oro blando que se derrama en los casinos. Y así, derrotado y sereno, te apagarás para siempre en la habitación 607 del Cedar Sinai Hospital, en el 8700 de Beverly Boulevard, Los Ángeles, California, justo en el instante en que Neil Armstrong ponga su pie en la Luna. Esa Luna que es solo ya una pelota inerte de ceniza. Entonces sí, definitivamente estarás muerto. Pero no harán murales los niños de primaria, ni pondrán tu nombre las bailaoras a sus giras mundiales. Serán décadas frías de semióticos forenses, de reseñas en revistas de estudios granadinos. Serás nombrado poeta andaluz de 2069. Y luego nada.

MOHAIR

Sueña que huye de la casa, corriendo desnuda por el arcén de la autopista, los faros de los camiones, apagadas aún las gasolineras. Un coche azul se va acercando, cada vez más, hasta que llega a su altura y se detiene, es Travis, al volante. Pero no es él, en realidad es su padre, con su barba enorme y su sombrero tejano. Y detrás, en el asiento trasero, Hunter con tres años, golpeando el cristal de la ventanilla. El coche se pone en marcha y ella sale corriendo, trata de alcanzarlo, con los pies morados y doloridos, y entonces despierta. Aún no ha amanecido, intenta volver a dormir, da vueltas en la cama, pero es inútil, enciende la televisión. La NBC da la previsión en el oeste, máxima de quince, mínima de cuatro, también hace frío en California. Su hijo duerme allí, a más de dos mil kilómetros de ella, en una habitación rodeada de juguetes, vestido con su pijama de astronauta. Marca el número de Ann, 555 248 826… pero cuelga inmediatamente. Hoy es lunes, tiene colegio, luego clase de judo y de informática, en dos horas despertará. Tomará su tazón de cereales, se calzará las zapatillas y guardará la merienda en la cartera. Y subirá al coche de Ann. Máxima de quince, mínima de cuatro, ha quedado a las once con Doreen para hacerse las ingles, *es mucho más cómodo y limpio*, le ha dicho en español, Doreen se llama en realidad Dolores. Ella sí marca el teléfono de casa, cómo ella dice, lo hace todos los días, y habla y habla con Belinda, su hija pequeña, y con su madre, hablan de la Navidad, de lo bonito que es Houston. *Va muy bien el restaurante*, miente a su hermano José, llora cuando cuelga, amargamente, llora, pero al momento ríe, se seca las lágrimas y ríe por cualquier cosa. Jane nunca llora, nunca ríe, se limita a sonreír, le pagan por ello, sonreír y obedecer. Es su trabajo, pasar los días en un cuarto de mentira, con ventanas falsas y flores de plástico. Un grifo del que no sale agua y una tele que no funciona, un cristal que refleja su propia imagen. Pelo rubio, labios pintados, suéter mohair rojo cereza, *qué quieres que haga*, le pregunta al cristal y ella obedece. Y trata de pensar en otra cosa, en otro lugar, piensa en ella misma sacando la compra del Chevy, guardando la leche en la nevera, diciendo en voz alta *Hunter, ya estoy en casa.*

BLUE

Estos días azules y este sol de la infancia. De autobuses que vuelven a casa del colegio. De sangre en la nariz y pómulos morados, *no hables con tus padres, sabemos dónde vives.* De lunes de meriendas tiradas por el patio, de martes de saliva y tinta en el estuche. De miércoles de *washaps,* caritas sonrientes, *amigo, no te escondas, te estamos vigilando.* De jueves de *mañana serán cuarenta euros.* De viernes de pestillos que no cierran. Y así, otra vez lunes, así, otra vez martes, y así todos los días azules de la infancia. Bajando la cabeza en los pasillos, soñando la llegada de un ángel justiciero: bazucas que destrocen las pizarras, catanas que rebanen las cabezas y bombas que explosionen autobuses. Y así poder entrar sin miedo a los lavabos. Beber sin que te mojen los cuadernos, hablar sin que se rían. Y te griten. Y te escupan. Y entonces llega un día en que no más, y viene el director a poner orden. Y llaman a tus padres, *no es hora de lamentos, tenemos que evitar que ocurra otra desgracia, pensar en lo mejor para su hijo, lo idóneo es un lugar donde empezar de cero.* Envainar la catana, desmontar la bazuca. Cortar el cable azul del explosivo. Una derrota pactada. Y así, esta mañana, cautivo y desarmado, te lleva el autobús camino hacia tu exilio. A un patio donde nadie repara en tu presencia. Sentado en la grada de la pista de atletismo, escribes esta rabia. Catanas y bazucas, explosiones, la guardas, arrugada, en el bolsillo. Esperando que pasen los días y los meses. Y el sol vuelva a brillar.

EL POETA QUE VIVE CONMIGO

El poeta que vive conmigo no se encuentra aquí en este momento. El poeta que vive conmigo se ha quedado fuera, está en un bar tomando café, mirando a la gente pasar. El poeta que vive conmigo volverá a casa en mi coche, ocupará el asiento de copiloto, pondrá música, compartimos lista de Spotify. Clave de correo, perfil de Facebook, número de teléfono, grupos de *washaps*. El poeta que vive conmigo se queda en casa cuando voy al fútbol, cuando voy a trabajar, pero viene a recogerme después y volvemos caminando. El poeta que vive conmigo duerme conmigo y con mi mujer, pero despierta de madrugada y apunta cosas en una libreta naranja. Por la mañana, el poeta y yo revisamos las notas, tachamos, reescribimos, desechamos casi siempre. El poeta que vive conmigo odia la navidad, las fiestas populares, los cumpleaños. El poeta que vive conmigo sigue hablando con Rafi, con Eduardo, con Nacho, con Pedro, con todos los que ya no están aquí. El poeta que vive conmigo piensa en mis hijos a todas horas, los abraza más que yo, sabe perfectamente en qué piensan, qué les preocupa, sabe dónde y con quién pasan las madrugadas. El poeta que vive conmigo me enseñó a hacer el arroz que preparo los sábados para mi familia. La clave está en el pimentón, cucharada y media. Prefiere quedarse en casa cuando salgo con mis amigos, dice que no soporta algunas conversaciones, le cuesta mirar a los ojos de la gente. El poeta que vive conmigo se duerme en las películas de Godard y llora en las de Fellini, sobre todo con *Amarcord.* También, como yo, adora el verano y las vacaciones, le gusta nadar en el océano, a veces se aleja demasiado de la orilla y le pierdo de vista. No sé el tiempo que vivirá conmigo el poeta que vive conmigo. Algunas mañanas despierto y no está, desaparece días y días sin dejar rastro, pero vuelve con una caja de *pastéis de nata.* Mis favoritos. Sé que el día menos pensado, el poeta que vive conmigo dejará de vivir conmigo. Y se irá a vivir con alguien más joven, alguien con toda la vida por delante. Y creo que eso estará bien.

31 D

Esta música es para vosotros, mujeres y hombres anónimos, cadenas infinitas de ácido nucleico, esta música es para vosotros. En la noche del treinta y uno, desde el 106.8 de la FM, lejos del baile y el confeti y los píos deseos para empezar el año. Esta música es para vosotros, para cada uno, sí, para cada uno de vosotros. Para ti, vigilante de parking, que nunca ves el cielo ni las estrellas. Para ti, taxista de UBER, que sueñas con tacones abandonados en el asiento trasero, para ti, camarera de KFC. Que atiendes la comanda pensando en unas manos curtidas que te arranquen la ropa. Para ti, que opositas a auxiliar administrativo, que no quieres ser auxiliar administrativo, que solo quieres un sueldo. Para no sonreír al patrón ni a los clientes ni esconderte de los inspectores de trabajo. Para ti, que acabas de hacer el amor, que apenas has tenido tiempo de abrir las piernas, recibir la descarga y decir *por qué tanta prisa, tenemos toda la noche.* Y que ahora estás sola, asomada al balcón, fumando, enviando un *washaps* a tu hijo, un *washaps* con besos y corazones, un *washaps* que él ha leído pero que aún no tiene respuesta. Para ti, actor de reparto. Que ves cada noche a Grace Kelly en cintas VHS extender su brazo metálico y decirte *ven, aquí, a este lado de la pantalla.* Para ti, que te han inyectado lorazepán en el suero glucosalino, que escuchas a las jóvenes residentes follar con los enfermeros. Para ti, anónima cadena de ácido nucleico, atrapada en el monstruoso estómago de la vida, esta música es para ti. Desde el 106.8 de la FM, esta noche, la noche más larga, mientras otros bailan y ríen y tiran confeti, para ti que estás leyendo este poema.

VOBIS

Volviendo a casa, conduciendo bajo la lluvia, por valles y carreteras sinuosas. En el asiento trasero, naranjas, dulces y una pluma que el alcalde me ha entregado. Os imagino ahora llegando a casa, *qué tal el poeta*, preguntarán mientras dejáis el libro sobre la cómoda, junto a las llaves y el teléfono móvil. Allí quedará esperando a vuestros ojos, a que mañana o tal vez pasado vuelvan a dar vida a esas palabras. Y que luego, humildemente, se acomode entre otros libros, mejor con Whitman, Pessoa o Gil de Biedma. Ojalá algún día, en un futuro lejano, el azar de otros ojos lo reclame, ojos limpios y jóvenes, ojos que nunca llegaré a conocer. Por vosotros, por un vosotros presente, por un vosotros futuro, mereció la pena escribir estas palabras. Conducirlas hasta aquí bajo la lluvia, por valles y carreteras sinuosas, sentarme en una sala casi vacía y leer este poema. Este poema que es vuestro. Porque vuestro es el lenguaje, vuestras las palabras con que escribo. Vuestro es el poema, os pertenece, no existe si no estáis al otro lado, vuestro es el poema.

AGRADECIMIENTOS

Cada uno es mucha gente es un verso de Fernando Pessoa que Pedro Roso tomó para su blog *Casa de Paso*. Roso fue mi maestro y el de otros muchos poetas, entre ellos, Eduardo García e, indirectamente, de Nacho Montoto. Fue también maestro y cómplice de Rafi Valenzuela. Pedro, Eduardo, Nacho y Rafi, cuatro personas con las que ya no podré celebrar la publicación de este libro.

Gracias también a José María García Parody por volver a regalarme la imagen de portada para este libro. Porque *todo significa*, como decía Roso. Y, cómo no, gracias a todos los que me ayudaron en su proceso de escritura y de corrección.

Gracias al jurado del Premio de Poesía Ciudad de Burgos por haber confiado en mi poesía y a la editorial Visor por el cuidado de la edición.

CITAS Y UNA BSO

Hay repartidas por el libro citas del Fernando Pessoa, de Radiohead, Woody Guthrie, Lope de Vega, Séneca, Antonio Machado, Manolo Caracol, Juan Ramón Jiménez, José Luis Armenteros, Jaime Gil de Biedma o Eduardo García.

El poema «Resistencia» incluye una playlist de Spotify que pueden escuchar y seguir en https://acortar.link/NaJqB3

DEDICATORIAS

«Genoma» está dedicado a Cristina, a Sergio y a Pablo. Y a todo Casa38.

«Masculinidad», a Manuel García Parody.

«ITV», a Rafi Valenzuela, *in memoriam.*

«Cerrando el apartamento de la playa» es una versión del poema homónimo de Joan Margarit, y está dedicado a su familia.

«Césped artificial», a mi defensa hermano David Prieto, a mis amigos de los lunes de Ciudad Jardín, a mi compadre Cristóbal y a mis compañeros y compañeras de La Cervantina.

«Mohair», a quienes hacen que mi trabajo en la Filmoteca de Andalucía sea el mejor del mundo. Y también a Luis y a Montse, que me explicó la composición de este extraño tejido.

«Blue» es para Itziar López Guil. Y para Carmina y Jose, y para Rafa y Maite.

ÍNDICE

MUJERES

HOMBRES

GENOMA

MUCHA GENTE

Esta primera edición de *Cada uno es mucha gente*
se acabó de imprimir en Madrid el 23 de
febrero de 2025, día del fallecimiento
de John Keats en Roma en 1821.